Pasta

BLUME

Contenido

Espaguetis y Cía.
Una variedad tentadora

La pasta está disponible en un número inimaginable de variantes. Aún no está claro si fue inventada en China o Italia. Sin embargo es indiscutible que los italianos son unos auténticos especialistas de la pasta: ya se trate de conchas, mariposas, orejitas o caracolas –no existe una sola forma que no haya sido inmortalizada en pasta. Se dice que hay más de 300 formas disponibles en toda Italia.

Ante esta abundancia no resulta extraño que la cuestión «qué tipo de pasta armoniza mejor con qué salsa» casi resulte una ciencia por sí misma. La regla empírica nos dice que cuanto más densa sea una salsa, más ancha debe ser la pasta. Así pues, por ejemplo, las *pappardelle* son el acompañamiento ideal de las salsas de carne oscuras. Las pastas más cortas como los macarrones o los *rigatoni* combinan bien con salsas consistentes elaboradas con carne o verduras. Las pastas largas como los espaguetis y los tallarines pueden combinarse con casi todas las salsas –resultan inigualables con hierbas aromáticas– incluyendo las de tomate.

1

Las *PAPPARDELLE* (izquierda) o cintas anchas provienen de la Toscana y son la pasta plana más ancha de todas.

1 La traducción literal de la palabra **ESPAGUETI** es «cordón». Se encuentran en diámetros y longitudes variables (la longitud mínima son 30 cm). Los espaguetis más finos se conocen como *spaghettini* o *vermicelli*.

2 Las placas de **LASAÑA** elaboradas con trigo duro se encuentran disponibles listas para su uso (también las hay teñidas de verde con espinacas). Tienen la ventaja de que no deben cocerse previamente.

3 Las **ESPIRALES** *(fusilli)* parecen pequeños sacacorchos y gracias a su forma retienen especialmente bien las salsas cremosas.

4 Los **TALLARINES** *(tagliatelle)* son la pasta típica de los alrededores de Parma. Este tipo de pasta plana es más estrecha que las cintas y a menudo se tiñe de color verde o rojo con espinacas o tomate, y se vende enrollada en forma de nidos.

5 Las **CONCHAS** *(conchiglie)* tienen, como su nombre indica, forma de concha. Las pequeñas retienen muy bien las salsas, y las grandes son ideales para rellenar y gratinar.

6 Las **RUEDAS** *(rotelle)* son muy útiles en las sopas. Esta pasta, cuya forma recuerda a las ruedas de carro, se encuentra disponible en muchos tamaños.

7 Los *MAKKARONI* son una pasta larga en forma de tubo, originaria de Nápoles, y que en Italia se trocea antes de cocerla, puesto que su longitud la hace difícil de comer.

7

Los **CANELONES**, al igual que la lasaña, también pueden comprarse listos para utilizar. Estos grandes tubos de pasta se rellenan al gusto, se cubren de salsa y se gratinan.

Las **MARIPOSAS** *(farfalle)* deben su nombre a la forma de esta pasta. Las pequeñas se utilizan en sopas.

Los *FETTUCCINE* son la variante romana de los tallarines, y llegan a tener casi 1 cm de ancho.

Los *LINGUINE* y las *TRENETTE* son muy parecidos a los espaguetis, pero no son redondos sino ligeramente aplanados.

Los **MACARRONES** *(penne)* son pasta corta en forma de tubo cortada al bies; pueden tener la superficie lisa *(penne lisce)* o estriada *(penne rigate)*.

Los **RAVIOLES**, bolsitas de pasta rellenas, pueden comprarse frescos o secos, aunque los mejores son los caseros.

Los *RIGATONI* y los *TORTIGLIONI* tienen forma tubular, corta y ancha, y una superficie estriada. A diferencia de los *penne*, tienen un diámetro mayor y los extremos son rectos.

6

Paso a paso
Las técnicas culinarias más importantes

La oferta de pasta preparada es enorme, aunque los auténticos aficionados a la pasta saben que la que se hace en casa es simplemente la mejor. Sin embargo, este placer está ligado a un esfuerzo, que bien vale la pena realizar. La calidad de la harina es clave para la preparación de la masa. Los profesionales de la pasta utilizan harina de sémola fina (disponible en establecimientos de especialidades italianas) u otra harina de fuerza como la de trigo duro. Si busca preparar pasta más sustanciosa, mezcle la harina con sémola de trigo duro. La masa ha de extenderse lo más finamente posible. Antes esto era cuestión de músculos y rodillo; hoy en día esta labor se ve facilitada por el empleo de la máquina para pasta. Para preparar la pasta y que llegue a la mesa al dente, no sólo hay que cocerla el tiempo justo, sino que también es necesario emplear mucha agua. Calcule cerca de 1 litro de agua por cada 100 g de pasta. Al añadir un chorrito de aceite al agua de cocción de la pasta hecha en casa evitará que se pegue. Únicamente debe enjuagar la pasta cocida si la va a utilizar en una ensalada. Al enjuagar la pasta se elimina la película de almidón que ayuda a retener la salsa sobre la superficie de la pasta.

Preparación de la masa

1 Mezcle 150 g de harina de fuerza con 150 g de sémola de trigo duro, o 300 g de harina de fuerza con ½ cucharadita de sal sobre la superficie de trabajo.

2 Haga un hueco en el centro y vierta dentro 3 huevos y una cucharada de aceite.

3 Bata ligeramente con un tenedor los huevos y mézclelos con un poco de harina. Añada un poco de agua.

4 Amase con las palmas de la mano de fuera hacia dentro hasta que se obtenga una masa lisa y flexible.

5 La masa adquiere el punto óptimo cuando se separa fácilmente de la superficie de trabajo y presenta una apariencia lustrosa.

6 Forme una bola con la masa, tápela con un paño y déjela reposar en un lugar cálido durante unos 30 minutos

Dar forma a la masa

1 Coloque la bola de masa sobre la superficie de trabajo enharinada y extiéndala con un rodillo, trabajando de fuera hacia dentro, hasta formar una lámina fina.

2 Pase la lámina de masa por la máquina de pasta, de modo que disminuya su grosor en cada pasada, hasta lograr el deseado.

3 Espolvoree las láminas de masa con un poco de harina y déjelas secar ligeramente (puede colocarlas sobre un paño de cocina).

4 Corte la pasta en tiras finas con el complemento correspondiente de la máquina o con un cuchillo afilado.

5 Para hacer ravioles, coloque montoncitos del relleno deseado sobre la mitad de la lámina y doble la segunda mitad sobre ésta.

6 Presione la masa alrededor del relleno, recorte los ravioles y asegure el relleno presionando los bordes con un tenedor.

Cocer la pasta correctamente

1 Ponga a hervir en una cacerola grande 1 litro de agua aproximadamente por cada 100 g de pasta.

2 Añada 1 cucharadita colmada de sal por cada litro de agua, y vierta la pasta.

3 Remueva ocasionalmente durante la cocción para que la pasta no se pegue.

4 Respete los tiempos de cocción indicados en las instrucciones y pruébela de vez en cuando.

5 En cuanto la pasta esté al dente, escúrrala con un colador.

6 Mezcle la pasta inmediatamente con la salsa deseada, o simplemente con mantequilla.

Ensaladas de pasta

Ensalada de espaguetis
con salsa crema a las hierbas

Un plato ideal para las tibias noches de verano: los aficionados a la pasta nunca quedarán saciados con esta especiada ensalada repleta de hierbas frescas.

Ingredientes

250 g de **espaguetis**

sal

2 **escalonias**

1 manojo de **estragón**

1 manojo de **eneldo**

1 manojo de **cebollino**

1 **naranja** pequeña

200 g de **crema acidificada**

2 cucharadas de **zumo de limón**

2 cucharadas de **aceite de oliva**

pimienta recién molida

1 pizca de **pimienta de Cayena**

2 dientes de **ajo**

Preparación
PARA 4 PERSONAS

1 Cueza los espaguetis según las instrucciones del fabricante con abundante agua salada hasta que estén al dente. Viértalos en un colador, enjuáguelos con agua fría y déjelos escurrir.

2 Pele las escalonias y píquelas finamente. Lave las hierbas y sacúdalas y elimine el exceso de agua. Aparte algunas ramas de estragón para decorar el plato, y arranque las hojas de los tallos restantes. Arranque las puntas del eneldo y píquelas finamente junto con el estragón. Corte finamente el cebollino, con la excepción de 6 tallos.

3 Lave la naranja con agua caliente y séquela. Corte la mitad de la corteza con un acanalador. Córtela por la mitad, exprímala y mezcle en un cuenco el zumo con la crema acidificada, el zumo de limón, el aceite, la sal, la pimienta y la pimienta de Cayena para preparar el aderezo. Pele los dientes de ajo, píquelos y añádalos.

4 Añada al aderezo el eneldo y el estragón picados junto con el cebollino y la escalonia picada.

5 Añada los espaguetis, mézclelos con la salsa y deje reposar la preparación unos 15 minutos. Ponga la ensalada en una fuente y decórela con las hierbas reservadas y la corteza de naranja.

Si no dispone de un acanalador de cítricos, puede pelar la naranja y cortar la corteza en tiras finas con un cuchillo de cocina.

Ensalada de espirales
con *radicchio*

Una ensalada con sabor a verano: esta refinada creación de pasta con *radicchio*, salami y mozzarella será un éxito en cualquier fiesta veraniega.

Ingredientes

250 g de **espirales**

sal

100 g de **salami** (en lonchas)

6 **pimientos verdes** encurtidos

4 tallos de **apio** (con hojas)

1 *radicchio* (achicoria de Treviso)

mozzarella (unos 125 g)

1 **cebolla**

4 cucharadas de **vinagre de vino blanco**

5 cucharadas de **aceite de oliva**

pimienta recién molida

2 **dientes de ajo**

100 g de **aceitunas negras** (deshuesadas)

Preparación
PARA 4 PERSONAS

1 Cueza las espirales siguiendo las instrucciones del fabricante con abundante agua salada hirviendo, hasta que estén al dente. Escúrralas, enjuáguelas con agua fría y déjelas escurrir.

2 Corte el salami en tiras finas. Lave los pimientos y córtelos en anillos. Prepare y lave el apio. Reserve las hojas para la decoración del plato y corte los tallos en tiras finas.

3 Prepare el *radicchio*, sepárelo en hojas, lávelas y centrifúguelas. Corte la mozzarella en dados pequeños. Pele la cebolla y píquela finamente.

4 Mezcle en un cuenco grande el vinagre, el aceite, la sal y la pimienta con ayuda de una batidora de varillas. Pele los dientes de ajo, píquelos y añádalos al aliño.

5 Agregue las tiras de salami, el pimiento, el apio, las cebollas picadas, las aceitunas, la pasta y la mitad de los dados de mozzarella al cuenco con el aliño y mézclelo todo bien.

6 Decore la ensalada de pasta con las hojas de *radicchio* y de apio, los dados de mozzarella reservados y sírvala.

14

Ensalada de *garganelli*
con brécoles y atún

Preparación
PARA 4 PERSONAS

1 Prepare los *garganelli* en abundante agua salada hirviendo de acuerdo con las instrucciones del fabricante.

2 Divida el atún en trozos grandes. Cueza los ramitos de brécol con agua salada unos 7 minutos, enjuáguelos con agua muy fría y déjelos escurrir.

3 Lave los tomates, elimine los pedúnculos y píquelos finamente. Pele la escalonia y el ajo y píquelos de modo que queden finos.

4 Caliente el aceite en una sartén y sofría el ajo y la escalonia hasta que estén transparentes. Añada los ramitos de brécol y los gajos de tomate y sofría brevemente.

5 Vierta los *garganelli* en un colador, déjelos escurrir y mézclelos con los brécoles y los tomates. Sazone con sal, pimienta y vinagre. Agregue con cuidado los trozos de atún y deje reposar la ensalada al menos 30 minutos. Sírvala con queso parmesano rallado y tiras de albahaca.

16

Ingredientes

250 g de *garganelli* (o macarrones rayados)

sal · 1 lata de **atún** (en aceite)

250 g de ramitos de **brécol**

250 g de **tomates** · 1 **escalonia**

1 **diente de ajo**

3 cucharadas de **aceite de oliva**

pimienta recién molida

1 cucharada de **vinagre de vino blanco**

50 g de **queso parmesano** recién rallado

unas hojas de **albahaca**

(cortadas en tiras muy finas)

Ingredientes

350 g de **espaguetis**

sal

2 **pimientos rojos**

4 **patatas**

9 cucharadas de **aceite de oliva**

400 g de **espinacas** jóvenes

80 g de **aceitunas negras** (deshuesadas)

2 cucharadas de **vinagre balsámico**

1 cucharadita de **mostaza**

2 **dientes de ajo**

pimienta recién molida

Ensalada de espaguetis
con espinacas y patatas

Preparación
PARA 4 PERSONAS

1 Cueza los espaguetis siguiendo las instrucciones del fabricante hasta que estén al dente. Viértalos en un colador, enjuáguelos con agua fría y déjelos escurrir.

2 Corte los pimientos longitudinalmente, elimine las semillas, lávelos y córtelos en trozos grandes. Pele las patatas, lávelas y córtelas en dados pequeños.

3 Dore las patatas y el pimiento en 3 cucharadas de aceite.

4 Prepare las espinacas, lávelas y escáldelas en agua salada hirviendo. Escúrralas, enjuáguelas con agua muy fría y déjelas escurrir. Corte las aceitunas por la mitad. Mezcle en un cuenco grande los ingredientes de la ensalada.

5 Para el aliño, mezcle el vinagre balsámico con la mostaza y la sal. Pele y pique el ajo y añádalo junto con el aceite restante, sazone el aliño con pimienta y viértalo sobre la ensalada.

Ensalada de macarrones
con salsa verde

La salsa verde italiana no es tan conocida como el pesto,
pero es igual de aromática.

Ingredientes

250 g de **macarrones rayados**

(penne rigate)

sal

1 manojo de **cebollinos**

1 manojo de **albahaca**

1 manojo de **perejil**

unas ramas de **orégano** y **tomillo**

3 cucharadas de **vinagre**

balsámico

4 cucharadas de **aceite de oliva**

1 cucharada de **mostaza**

pimienta recién molida

2 **dientes de ajo**

Preparación
PARA 4 PERSONAS

1 Cueza los macarrones con abundante agua salada siguiendo las instrucciones del fabricante hasta que estén al dente. Viértalos en un colador, enjuáguelos con agua fría y déjelos escurrir.

2 Lave el cebollino, sacúdalo para eliminar el exceso de agua y córtelo finamente. Lave y sacuda la albahaca, el perejil, el orégano y el tomillo. Separe las hojas, reserve algunas para decorar el plato y pique el resto finamente.

3 Mezcle en una ensaladera grande el vinagre balsámico con el aceite, la mostaza, la sal y la pimienta para el aliño. Pele y pique los dientes de ajo y añádalos al aliño.

4 Incorpore las hierbas picadas al aliño. Sazone con sal y pimienta.

5 Agregue los macarrones a la ensaladera, mézclelos con la salsa de hierbas y deje reposar la preparación unos 15 minutos. Adórnela con las hojas previamente reservadas.

El aroma de las hierbas frescas se aprecia mejor si se cortan con una media luna, pues al cortarlas con un cuchillo normal se daña la estructura de la hoja.

Ensalada de espaguetis
con salsa de atún

El corazón del sibarita se alegra con esta refinada y colorida
ensalada veraniega, fácil de preparar e ideal como plato principal.

Ingredientes

250 g de **espaguetis** · **sal**

500 g de **judías verdes**

1 manojo de **cebollas** tiernas

1 lata de **atún** en aceite

10 **tomates cereza**

2 cucharadas de **vinagre**
de vino blanco

5 cucharadas de **aceite de oliva**

1 cucharadita de **mostaza picante**

2 cucharadas de **crema**
de leche espesa

pimienta recién molida

azúcar

1 cucharada de **tomillo** molido

1 **limón**

Preparación

PARA 4 PERSONAS

1 Hierva los espaguetis con abundante agua salada de acuerdo con las instrucciones del fabricante hasta que estén al dente. Viértalos en un colador, enjuáguelos con agua fría y déjelos escurrir.

2 Corte los extremos de las judías verdes; elimine los hilos laterales si es necesario. Lave las judías, córtelas en trozos grandes y hiérvalas durante unos 10 minutos con abundante agua salada.

3 Prepare y lave las cebollas tiernas y córtelas en anillos finos. Escurra el atún y desmíguelo. Lave y cuartee los tomates cereza.

4 Prepare el aliño con el vinagre, el aceite, la mostaza y la crema de leche, y sazone con la sal, la pimienta y el azúcar.

5 Escurra las judías en un colador y mézclelas inmediatamente con el aliño. Agregue el tomillo y los trozos de tomate y atún.

6 Transfiera los espaguetis a una fuente grande y disponga encima la mezcla de atún y judías. Cuartee el limón y adorne con ello la ensalada antes de servir.

20

Ensalada de *tortiglioni*
con calamares

Esta ensalada tiene sabor a mar: con los calamares, las anchoas y el ajo
reviven los recuerdos de las vacaciones en la costa.

Ingredientes

250 g de *tortiglioni* (u otra pasta

tubular corta)

sal

2 pimientos rojos

1 diente de ajo

4 filetes de anchoas (en aceite)

5 cucharadas de aceite de oliva

zumo de 1 limón pequeño

1 cucharada de orégano molido

pimienta recién molida

450 g de anillos de calamar

limpios

1 manojo de albahaca

Preparación

PARA 4 PERSONAS

1 Hierva los *tortiglioni* con abundante agua salada siguiendo las
instrucciones del fabricante hasta que estén al dente. Viértalos
en un colador, enjuáguelos con agua fría y déjelos escurrir.

2 Encienda el grill del horno. Corte los pimientos de forma
longitudinal, lávelos y colóquelos con la piel hacia arriba sobre
una placa de hornear. Introdúzcala en el centro del horno unos
10 minutos, o hasta que la piel se ampolle y chamusque. Déjelos
enfriar, pélelos y córtelos en tiras finas.

3 Pele el ajo y póngalo en el vaso de la batidora eléctrica con los
filetes de anchoa, 3 cucharadas de aceite, el zumo de limón y el
orégano. Bata hasta obtener una especie de puré y viértalo en una
fuente grande una vez rectificada la condimentación con un poco
de sal y pimienta.

4 Lave los anillos de calamar y séquelos. Caliente el aceite restante
en una sartén. Dore los anillos. Sazónelos con sal y pimienta y
déjelos enfriar ligeramente. Añada los anillos de calamar, las tiras
de pimiento y los *tortiglioni* a la fuente y mézclelos a fondo con
la salsa.

5 Lave la albahaca y sacúdala para eliminar el exceso de agua.
Separe las hojas de los tallos, reserve unas cuantas para
la decoración y pique el resto. Mezcle las hojas picadas
con la ensalada. Disponga la ensalada en una fuente de servicio
y adórnela con las hojas de albahaca antes reservadas.

22

Ensalada de ruedas
con salami y roqueta

Preparación
PARA 4 PERSONAS

1 Hierva las ruedas con abundante agua salada siguiendo las instrucciones del fabricante hasta que estén al dente. Escúrralas en un colador y reserve una taza del agua de cocción. Enjuague la pasta con agua fría y deje que se escurra.

2 Retire la corteza fina marrón del queso scamorza y córtelo en dados pequeños. Corte también el salami en dados pequeños y mézclelos ambos con la pasta.

3 Mezcle la mayonesa con la mostaza, la sal y la pimienta, y añada el zumo de limón, el rábano, el vinagre y el aceite. Mezcle el aliño con los ingredientes de la ensalada. Añada el agua de cocción de la pasta y déjelo reposar al menos 30 minutos.

4 Poco antes de servir, limpie a fondo las hojas de roqueta y centrifúguelas. Parta las hojas y mézclelas con la ensalada de pasta.

24

Ingredientes

250 g de **ruedas rayadas** · **sal**

130 g de queso **scamorza** o **mozzarella**

80 g de **salami**

4 cucharadas de **mayonesa**

1 cucharadita de **mostaza a las hierbas**

pimienta recién molida

zumo de 1 **limón**

1 cucharada de **raiforte** rallado

1 cucharada de **vinagre balsámico**

1 cucharada de **aceite de nueces**

1 manojo de **roqueta** (rúcula)

Ingredientes

350 g de **mariposas**

sal

4 **tomates**

200 g de **mozzarella**

10 **aceitunas negras** deshuesadas

1 manojo de **albahaca**

5 cucharadas de **aceite de oliva**

2 **dientes de ajo**

pimienta recién molida

Ensalada de mariposas
con tomate y aceitunas

Preparación
PARA 4 PERSONAS

1 Hierva las mariposas con abundante agua salada siguiendo las instrucciones del fabricante hasta que estén al dente. Viértalas en un colador, enjuáguelas con agua fría y déjelas escurrir.

2 Escalde los tomates y elimine la piel y las semillas. Corte la carne en dados pequeños. Corte la mozzarella en dados pequeños. Cuartee las aceitunas. Lave y sacuda la albahaca, separe las hojas y córtelas en tiras finas.

3 Caliente el aceite en una sartén honda y dore los dientes de ajo pelados. Retire los dientes de la sartén una vez dorados.

4 Sofría brevemente las mariposas en el aceite en el que ha dorado los ajos y viértalas en un cuenco grande. Añádales los dados de tomate y los de mozzarella, las aceitunas y las tiras de albahaca y mézclelo todo a fondo. Sazone la ensalada con sal y pimienta.

Ensalada de espaguetis
con aguacate y gambas

Un toque de lujo: los refinados frutos del mar contribuyen a que esta extravagante composición encante a los paladares más exigentes.

Ingredientes

250 g de **espaguetis**

sal

2 **aguacates**

zumo de 1 **limón**

1 **diente de ajo**

2 cucharadas de **aceite de oliva**

pimienta recién molida

1 **chile rojo**

250 g de **gambas** hervidas y peladas

3 cucharadas de **granos de pimienta verde en conserva**

Preparación
PARA 4 PERSONAS

1 Hierva los espaguetis con abundante agua salada siguiendo las instrucciones del fabricante hasta que estén al dente, vuélquelos en un colador, enjuáguelos con agua fría y déjelos escurrir.

2 Corte los aguacates por la mitad a lo largo y deshuéselos. Pele las mitades de aguacate y divídalas nuevamente. Rocíe un cuarto con zumo de limón y guárdelo en la nevera.

3 Pele el ajo y prepare un puré con el ajo, los aguacates, el aceite y el zumo de limón restante. Sazone con sal y pimienta y transfiera la preparación a una fuente.

4 Mezcle los espaguetis con la salsa y déjelos reposar un poco. Mientras tanto, divida el chile longitudinalmente, elimine las semillas y lávelo y córtelo en tiras finas.

5 Mezcle las gambas con el chile, los granos de pimienta y la pasta.

6 Corte el cuarto de aguacate restante en lonchas. Sirva la ensalada adornada con el aguacate.

La pimienta verde se obtiene del fruto del pimentero, cosechado sin madurar. Su sabor es más suave que el de la pimienta negra y se encuentra en el mercado en conserva o liofilizada.

Pasta con hortalizas y queso

Espaguetis
con setas y menta

Una combinación nada común: todo tipo de setas y menta fresca
—no subestime esta delicia para el paladar.

Ingredientes

600 g de **setas** frescas variadas

(según la estación, setas

shiitake, champiñones,

rebozuelos o setas calabaza)

3 ramas de **menta**

sal

400 g de **espaguetis**

2 escalonias

4 cucharadas de **aceite de oliva**

1 **diente de ajo**

pimienta recién molida

Preparación
PARA 4 PERSONAS

1 Limpie las setas con papel de cocina y lávelas si es necesario. Deje enteras las pequeñas y divida las grandes por la mitad. Separe los pies de las setas más grandes y trocéelas. Corte los sombreros en láminas diagonales.

2 Lave, sacuda la menta y separe las hojas de los tallos. Reserve algunas hojas para decorar el plato y pique el resto.

3 Ponga a hervir abundante agua, sálela y cueza la pasta según las instrucciones del fabricante hasta que esté al dente.

4 Mientras tanto pele y pique las escalonias. Caliente el aceite en una sartén y sofría las escalonias. Añada las setas y sofríalas brevemente.

5 Pele los dientes de ajo, píquelos y añádalos a las setas. Agregue la menta picada y sofría el conjunto unos minutos más a fuego lento. Sazone con sal y pimienta.

6 Vuelque los espaguetis en un colador y déjelos escurrir. Mézclelos con las setas y decore con las hojas de menta.

Pappardelle
con salsa de gorgonzola

¿Le apetece una creación novedosa? Peras y gorgonzola:
una combinación clásica redescubierta para la cocina de la pasta.

Ingredientes

500 g de **apio** (con las hojas)

2 cucharadas de **mantequilla**

sal

400 g de *pappardelle*

250 g de queso **gorgonzola**

200 g de **crema de leche**

pimienta recién molida

4 cucharadas de **piñones**

1 **pera** pequeña (por

ejemplo Williams)

Preparación
PARA 4 PERSONAS

1 Prepare y lave el apio. Corte los tallos oblicuamente en rodajas finas, reservando las hojas para la decoración del plato.

2 Caliente la mantequilla en una cacerola y sofría las rodajas de apio a fuego moderado unos 5 minutos.

3 Hierva abundante agua, sálela y cueza las *pappardelle* según las instrucciones del fabricante hasta que estén al dente.

4 Mientras tanto, corte el gorgonzola en trozos pequeños. Reserve unos trozos y mezcle los restantes con la crema de leche y el apio. Cuézalo a fuego lento hasta que el queso se derrita. Déjelo cocer un poco más y sazone con sal y pimienta.

5 Tueste los piñones en una sartén sin grasa. Lave la pera, córtela por la mitad, elimine las pepitas y córtela a gajos.

6 Vierta las *pappardelle* en un colador y déjelas escurrir. Dispóngalas en una fuente con la salsa de gorgonzola y la pera, los piñones tostados y los dados de queso. Adórnelo con las hojas del apio y sazone si lo desea con pimienta groseramente molida.

La salsa queda aún más picante si utiliza roquefort en lugar de gorgonzola. Por el contrario, si la desea más suave, utilice gorgonzola cremosa con mascarpone.

Macarrones
con salsa de espinacas y ricotta

Preparación
PARA 4 PERSONAS

1 Prepare y lave las espinacas. Escáldelas brevemente en agua salada hirviendo, escúrralas bien y píquelas groseramente.

2 Hierva abundante agua, sálela y cueza los macarrones según las instrucciones hasta que estén al dente.

3 Mientras tanto, caliente el aceite en una cacerola y sofría brevemente las espinacas picadas. Pele el ajo, píquelo y añádalo, sazone con sal, pimienta y nuez moscada.

4 Mezcle las pasas con las espinacas y sofríalas brevemente. Tueste los piñones en una sartén sin grasa hasta que estén dorados.

5 Vierta los macarrones en un colador y déjelos escurrir. Mézclelo en una fuente precalentada con una cucharada de mantequilla y las espinacas.

6 Agregue los piñones y el queso ricotta ligeramente desmigajado y mézclelo todo nuevamente.

Ingredientes

450 g de **espinacas** jóvenes

sal

2 cucharadas de **aceite de oliva**

2 **dientes de ajo**

pimienta recién molida

1 pizca de **nuez moscada** recién molida

400 g de **macarrones** o *makkaroni*

50 g de **pasas**

3 cucharadas de **piñones**

1 cucharada de **mantequilla**

150 g de **queso ricotta** o **requesón**

Ingredientes

150 g de **panceta ahumada**

100 g de **aceitunas negras**

1 **escalonia**

sal · 400 g de *pappardelle*

2 cucharadas de **aceite de oliva**

1 **diente de ajo**

3 ramas de **albahaca**

1 cucharadita de **maicena**

100 ml de **caldo de verduras**

100 g de **queso parmesano** recién rallado

pimienta recién molida

Pappardelle
con salsa de aceitunas y albahaca

Preparación
PARA 4 PERSONAS

1 Corte la panceta en tiras finas. Deshuese las aceitunas y córtelas en tiras finas. Pele la escalonia y píquela finamente.

2 Ponga a hervir agua abundante, sálela y cueza las *pappardelle* hasta que estén al dente.

3 Mientras, caliente el aceite y sofría las escalonias hasta que estén transparentes. Añada la panceta y dórela.

4 Pele los dientes de ajo, píquelos y añádalos a la preparación junto con las aceitunas y las hojas de albahaca picadas.

5 Deslíe la maicena en el caldo de verduras. Añádala a la salsa y, a continuación, déle un hervor. Incorpórele el parmesano y sazone con sal y pimienta. Vierta las *pappardelle* en un colador, déjelas escurrir y seguidamente mézclelas con la salsa.

Tallarines
con pimientos

Una preparación que no sólo gusta a los sicilianos:

los pimientos y las hierbas frescas llevan el sol a la mesa.

Ingredientes

2 pimientos amarillos

2 pimientos rojos

2 dientes de ajo

1 manojo de perejil

1 manojo de albahaca

sal

400 g de tallarines

1 cucharada de mantequilla

⅛ de l de caldo de verduras

⅛ de l de vino blanco seco

2 cucharadas de vinagre

balsámico

pimienta recién molida

Preparación
PARA 4 PERSONAS

1 Corte longitudinalmente los pimientos y elimine las semillas. Lave las mitades de pimiento y córtelas en tiras finas. Lave los dientes de ajo y píquelos finamente.

2 Lave el perejil y la albahaca, sacúdalos para eliminar el exceso de agua y separe las hojas de los tallos. Reserve unas hojas de albahaca para decorar el plato y pique el resto.

3 Ponga a hervir abundante agua, sálela y cueza los tallarines siguiendo las instrucciones del fabricante hasta que estén al dente.

4 Mientras tanto, caliente la mantequilla en una sartén grande, sofría el ajo y las tiras de pimiento. Vierta el caldo de verduras y el vino blanco y deje hervir unos 8 minutos. Agregue el vinagre balsámico y sazone con sal y pimienta.

5 Vierta los tallarines en un colador y déjelos escurrir. Mézclelos en la sartén con los pimientos y caliéntelos brevemente. Añada las hierbas picadas sin dejar de remover. Adorne con las hojas de albahaca previamente reservadas.

El aromático vinagre balsámico, con su larga maduración, no sólo está indicado para realzar aliños para ensalada: también confiere un aroma delicado a las salsas de hortalizas.

Mariposas
con salsa de acederas

Una fantasía de pasta blanquiverde: la acedera y las mariposas se combinan en un extravagante plato primaveral.

Ingredientes

1 pepino grande

50 g de acederas

sal

400 g de mariposas

2 cucharadas de mantequilla

4 cucharadas de pistachos pelados

150 g de yogur

2 cucharadas de zumo de lima

pimienta recién molida

1 lima entera

Preparación

1 Lave el pepino, pártalo longitudinalmente, elimine las semillas y corte la carne en tiras finas. Lave las acederas y sacúdalas para eliminar el exceso de agua. Reserve algunas hojas para la decoración del plato y corte el resto en tiras muy finas.

2 Hierva abundante agua, sálela y cueza las mariposas siguiendo las instrucciones del fabricante hasta que estén al dente.

3 Mientras tanto, derrita la mantequilla en una sartén grande y sofría las tiras de pepino unos 5 minutos. Muela los pistachos en la picadora eléctrica. Mézclelos con el yogur, el zumo de lima y las tiras de pepino. Sazone con sal y pimienta.

4 Escurra las mariposas en un colador y mézclelas con la salsa de yogur. Dispóngalas con las hojas de acedera reservadas sobre los platos y decore con las tiras de acedera. Lave la lima con agua caliente, séquela y córtela en gajos. Decore las mariposas con los gajos de lima y, si lo desea, con su ralladura.

Las hojas de acedera finamente cortadas desarrollan mucho mejor su refrescante aroma si antes de servirlas se sofríen brevemente en aceite muy caliente.

Macarrones
con tomate y pesto

Preparación
PARA 4 PERSONAS

1 Para el pesto, lave la albahaca, sacúdala para eliminar el exceso de agua y separe las hojas de los tallos. Pele y parta 3 dientes de ajo. Pique las hojas de albahaca –a excepción de algunas para la decoración– con el ajo y los piñones. Añádales 50 g de parmesano, una pizca de sal y, poco a poco, 100 ml de aceite de oliva sin dejar de remover.

2 Ponga a hervir abundante agua salada y cueza los macarrones hasta que estén al dente.

3 Mientras tanto, lave los tomates, cuartéelos, elimine las semillas y córtelos en dados pequeños. Caliente el aceite restante en una cacerola grande y sofría los tomates. Pele y pique un diente de ajo y añádalo a la cacerola. Agregue 6 cucharadas de pesto y sazone con sal y pimienta.

4 Escurra los macarrones en un colador, añádalos a los tomates y caliente brevemente. Adorne la pasta con el parmesano restante y las hojas de albahaca. Guarde el pesto restante en un frasco con rosca en la nevera.

40

Ingredientes

3 manojos de **albahaca**

4 **dientes de ajo**

100 g de **piñones**

75 g de **parmesano** recién rallado

sal

120 ml de **aceite de oliva**

500 g de **macarrones lisos**

6 **tomates**

pimienta recién molida

Ingredientes

1 manojo de **cebollas tiernas**

1 **limón**

sal

400 g de **espaguetis**

1 cucharada de **mantequilla**

150 g de **queso de oveja**

200 g de **crema de leche**

pimienta recién molida

Espaguetis
con queso de oveja

Preparación
PARA 4 PERSONAS

1 Prepare y lave las cebollas tiernas. Corte la mitad en aros, y el resto en tiras finas longitudinales.

2 Lave el limón con agua caliente y córtelo por la mitad. Exprima una mitad y corte la otra en rodajas finas.

3 Ponga a hervir abundante agua, sálela y cueza los espaguetis siguiendo las instrucciones del fabricante hasta que estén al dente.

4 Mientras, caliente la mantequilla en una sartén y sofría las tiras de cebolla. Bata el queso de oveja desmigajado –excepto de 3 cucharadas– con la crema y 1 cucharada de zumo de limón hasta formar un puré. Vierta la salsa en la sartén, mézclela con la cebolla y déjela hervir brevemente.

5 Sazone la salsa con sal y pimienta y mézclela con la pasta escurrida. Adorne con los aros de cebolla, las rodajas de limón y el queso de oveja restante.

Spaghettini
con tomates secados al sol

Un plato de pasta que puede provocar adicción: los tomates mimados por el sol
junto con la verdolaga fresca le proporcionan un aroma único.

Ingredientes

400 g de **cebollas tiernas**

3 **dientes de ajo**

200 g de **tomates secados al sol**

(en aceite)

sal

400 g de *spaghettini*

4 cucharadas de **aceite de oliva**

pimienta recién molida

80 g de **verdolaga**

50 g de **queso pecorino** (en trozo)

Preparación
PARA 4 PERSONAS

1 Prepare y lave las cebollas tiernas y córtelas en rodajas finas.

2 Pele y pique los dientes de ajo. Deje escurrir los tomates sobre papel de cocina y córtelos en tiras finas.

3 Ponga a hervir abundante agua, sálela y cueza los *spaghettini* siguiendo las instrucciones del fabricante hasta que estén al dente.

4 Mientras tanto, caliente el aceite en una cacerola grande. Sofría el ajo, los tomates y las cebollas tiernas unos 8 minutos y sazone con sal y pimienta.

5 Lave la verdolaga, sacúdala para eliminar el exceso de agua y separe las hojas de los tallos. Escurra los *spaghettini* en un colador, mézclelos en la cacerola con los tomates y caliéntelos brevemente. Adorne la pasta con la verdolaga y esparza el pecorino por encima.

Las hojas de verdolaga deben utilizarse frescas y no han de calentarse. Como esta hierba es ligeramente salada, es preferible sazonar muy poco la salsa.

Macarrones
con salsa de hierbas y queso

Preparación
PARA 4 PERSONAS

1 Lave el perejil, sacúdalo para eliminar el exceso de agua y separe las hojas de los tallos. Reserve algunas hojas para la decoración y pique el resto. Pele y parta los dientes de ajo. Prepare una pasta fina batiendo el perejil, el zumo de limón, 3 cucharadas de aceite y los piñones en la batidora eléctrica.

2 Ponga a hervir abundante agua, sálela y cueza los macarrones hasta que estén al dente.

3 Mientras tanto, ralle el gouda y mézclelo con la crema acidificada y la salsa de hierbas. Sazone intensamente con sal y pimienta. Fría las hojas de perejil reservadas en 4 cucharadas de aceite durante 1 minuto.

4 Escurra los macarrones en un colador y mézclelos inmediatamente con la salsa de hierbas y queso. Sírvalos adornados con los tallos de cebollino y las hojas de perejil fritas.

44

Ingredientes

2 manojos de **perejil**

1 **diente de ajo**

1 cucharada de **zumo de limón**

7 cucharadas de **aceite de oliva**

3 cucharadas de **piñones**

sal

400 g de **macarrones lisos**

100 g de **queso gouda** semicurado (en trozo)

2 cucharadas de **crema acidificada**

pimienta recién molida

unos tallos de **cebollino**

Ingredientes

250 g de **lentejas**

2 **tomates**

1 **zanahoria**

1 tallo de **apio**

2 **dientes de ajo**

4 cucharadas de **aceite de oliva**

1 **cebolla** (cortada a dados finos)

1 **chile verde** (cortado a tiras finas)

⅛ de l de **vino blanco seco** · **sal**

pimienta recién molida

2 cucharadas de **vinagre balsámico**

400 g de *linguine* (o espaguetis)

1 manojo de **roqueta** (rúcula)

Linguine
con lentejas al balsámico

Preparación
PARA 4 PERSONAS

1 Lave las lentejas y déjelas remojar cubiertas con agua durante toda la noche. Reserve el agua de remojo.

2 Lave los tomates, escáldelos, pélelos, elimine las semillas y córtelos a dados. Pele la zanahoria y córtela a dados. Lave el tallo de apio y córtelo en rodajas finas.

3 Pele los dientes de ajo y píquelos finamente. Caliente el aceite y sofría los dados de cebolla, las tiras de chile y el ajo. Añada las lentejas, el agua de remojo y el vino, y prosiga la cocción unos 30 minutos. Diez minutos antes de finalizar la cocción añada la verdura preparada. Sazone con sal, pimienta y vinagre balsámico.

4 Hierva los *linguine* siguiendo las instrucciones del fabricante en abundante agua salada hasta que estén al dente. Prepare la roqueta, lávela y centrifúguela. Escurra la pasta y mézclela con las lentejas y la roqueta.

Espaguetis
a la albahaca

Sencillo pero **insuperable:** el aceite especiado con ajo y hierbas junto con el aromático queso garantizan toda una **experiencia** para el paladar.

Ingredientes

500 g de **espaguetis**

sal

4 manojos de **albahaca**

2 **dientes de ajo**

8 cucharadas de **aceite de oliva**

pimienta recién molida

50 g de **queso pecorino**

(en trozo)

Preparación
PARA 4 PERSONAS

1 Cueza los espaguetis en abundante agua salada siguiendo las instrucciones del fabricante hasta que estén al dente.

2 Lave la albahaca, sacúdala para eliminar el exceso de agua y separe las hojas de los tallos. Reserve unas 20 hojas para decorar el plato y corte las restantes en tiras finas. Pele y pique los dientes de ajo.

3 Mientras tanto, caliente 4 cucharadas de aceite en una sartén, caliente brevemente las hojas de albahaca y añada el ajo picado.

4 Escurra los espaguetis en un colador. Añádalos a la sartén con el ajo y la albahaca y mézclelos a fondo. Sazone con sal y pimienta.

5 Caliente el aceite restante en una segunda sartén y fría las hojas previamente reservadas durante 1 minuto. Déjelas escurrir sobre papel de cocina y añada el aceite de cocción a los espaguetis con la albahaca.

6 Disponga la pasta en una fuente sobre las hojas de albahaca fritas y esparza por encima el pecorino en láminas finas.

Las hojas de las hierbas aromáticas adquieren un aroma especial cuando se fríen, lo que constituye un valor añadido en cada plato. Pruebe también con hojas de salvia rebozadas en pasta y fritas.

Pappardelle
con salsa de tomate y roqueta

La variante de un clásico: la mejor base de un sinnúmero de salsas
para pasta es como antes, una salsa de tomate casera.

Ingredientes

300 g de **roqueta** (rúcula)

1 kg de **tomates** maduros

150 g de **cebollas**

2 **dientes de ajo**

sal

400 g de *pappardelle*

3 cucharadas de **aceite de oliva**

2 cucharadas de **vinagre**

balsámico

pimienta recién molida

azúcar

50 g de **queso parmesano**

(en trozo)

2 cucharadas de **queso ricotta**

o **requesón**

Preparación
PARA 4 PERSONAS

1 Prepare, lave y centrifugue la roqueta. Lave, escalde, pele
y elimine las semillas de los tomates y córtelos a dados.

2 Pele las cebollas y píquelas finamente. Pele los dientes de ajo
y píquelos finamente.

3 Ponga a hervir abundante agua, sálela y cueza las *pappardelle*
siguiendo las instrucciones del fabricante hasta que estén al
dente.

4 Mientras tanto, caliente el aceite en una sartén y sofría las
cebollas y el ajo hasta que estén transparentes. Añada los dados
de tomate y prosiga la cocción unos 8 minutos más. Sazone con
el vinagre balsámico, sal, pimienta y azúcar. Reserve al calor.

5 Corte el parmesano en virutas finas y desmigaje la ricotta.

6 Escurra las *pappardelle* en un colador y mézclelas luego con la
salsa de tomate. Agregue a continuación las hojas de roqueta
y adorne con la ricotta y el parmesano.

Los tomates madurados al sol en su mata
dan a la salsa todo su sabor. Sin embargo,
en invierno es preferible que utilice tomate
picado en conserva de calidad; el aroma es
mejor si se compara con el producto fresco.

Tallarines al azafrán
con verduras

Preparación
PARA 4 PERSONAS

1 Amase la harina, las yemas de huevo, 12 huevos, ½ cucharadita de sal, el azafrán y 1 cucharadita de agua caliente hasta obtener una masa lisa (*véase* pág. 8). Forme una bola con la masa, envuélvala con película de plástico y déjela reposar al menos 30 minutos.

2 Limpie los brécoles y divídalos en ramitos, pelando el tallo. Cuartee el calabacín y córtelo en pequeños trozos. Corte los extremos de los tirabeques. Pele el tercio inferior de los espárragos y trocéelos diagonalmente.

3 Ponga a hervir agua salada en una cacerola y escalde cada verdura por separado. Enjuáguelas con agua muy fría y déjelas escurrir.

4 Extienda la masa en láminas finas y córtelas en tiras anchas. Cuézalas en abundante agua salada hasta que estén al dente y escúrralas en un colador. Bata la mantequilla en un cuenco y añádala a las verduras. Incorpore el caldo, el azafrán, sal y pimienta. Mezcle la preparación con la pasta, el cebollino y el parmesano.

50

Ingredientes

350 g de harina de **trigo de fuerza**

4 **yemas de huevo** · 2 **huevos**

sal · 1 pizca de **azafrán** molido

150 g de **brécoles** · 1 **calabacín** pequeño

100 g de **tirabeques**

100 g de **espárragos verdes**

4 cucharadas de **mantequilla**

6-8 cucharadas de **caldo vegetal**

1 sobre de hebras de **azafrán**

pimienta recién molida

unos tallos de **cebollino**

50 g de **queso parmesano** recién rallado

Ingredientes

6 **alcachofas** tiernas y pequeñas

zumo de ½ **limón**

sal

400 g de **macarrones rayados**

3 cucharadas de **aceite de oliva**

1 **diente de ajo** pelado

2 cucharadas de **mantequilla**

5 cucharadas de **vino blanco seco**

pimienta recién molida

2 cucharadas de **perejil** finamente picado

50 g de **queso parmesano** recién rallado

Macarrones
con alcachofas

Preparación
PARA 4 PERSONAS

1 Elimine las hojas externas de las alcachofas y recorte los tallos y las puntas duras de las hojas con un cuchillo afilado. Saque el heno central con una cucharilla y corte las alcachofas a rodajas. Colóquelas enseguida en agua mezclada con limón para evitar que se oscurezcan.

2 Ponga a hervir abundante agua salada y cueza los macarrones según las instrucciones del fabricante hasta que estén al dente.

3 Mientras tanto, caliente el aceite en una sartén y dore el ajo. Sáquelo y dore las alcachofas a fuego vivo. Añada la mantequilla, el vino blanco y rehogue a fuego lento unos minutos.

4 Seguidamente, sazone con sal y pimienta y añada los macarrones escurridos así como el perejil picado. Mézclelo a conciencia y acompáñelo con el queso parmesano.

Espaguetis
con espárragos verdes

Un pequeño esfuerzo para un gran resultado: con la salsa cremosa de espárragos verdes mimará a sus invitados de forma rápida y sin complicaciones.

Ingredientes

1 kg de **espárragos verdes**

2 **escalonias**

sal

400 g de **espaguetis**

2 cucharadas de **mantequilla**

200 ml de **caldo vegetal**

200 g de **queso mascarpone**

pimienta recién molida

1 cajita de **berros**

Preparación
PARA 4 PERSONAS

1 Lave los espárragos, pele el tercio inferior y córtelos en trozos de unos 4 cm de longitud. Pele y pique las escalonias.

2 Ponga a hervir abudante agua, sálela y cueza los espaguetis siguiendo las instrucciones del fabricante hasta que estén al dente.

3 Mientras tanto, caliente la mantequilla en una cacerola y sofría las escalonias hasta que estén transparentes. Añada los espárragos y sofríalos brevemente. Vierta el caldo vegetal y el mascarpone. Deje hervir unos 10 minutos y sazone con sal y pimienta.

4 Vierta los espaguetis en un colador, déjelos escurrir y mézclelos con la salsa.

5 Remoje los berros, corte las hojitas y mézclelas con la pasta o forme pequeños ramilletes para adornar el plato.

Puede sustituir el mascarpone por queso crema. La crema puede ser más especiada si utiliza queso fresco a las hierbas, ajo o pimienta negra.

Espaguetis
con hortalizas a la siciliana

Una delicia multicolor del sur de Italia: los pimientos asados realzados
con una nota de vinagre son la clave de esta receta.

Ingredientes

200 g de cada tipo de **pimientos**:

rojos, verdes y amarillos

250 g de **cebollas blancas**

4 cucharadas de **aceite de oliva**

3 cucharadas de **vinagre**

de vino tinto

240 g de **tomates pelados**

(en conserva)

1 cucharada de **vinagre balsámico**

azúcar · sal

pimienta recién molida

400 g de **espaguetis**

4 cucharadas de **alcaparras**

100 g de **queso pecorino**

(en trozo)

Preparación
PARA 4 PERSONAS

1 Corte los pimientos longitudinalmente y elimine las semillas.
Lave las mitades de pimiento y córtelas en trozos de unos
2 cm de longitud. Pele las cebollas y córtelas a rodajas.

2 Caliente el aceite en una cacerola grande y sofría las cebollas y
los trozos de pimiento unos minutos. Añada el vinagre de vino
y los tomates y aplástelos con un tenedor. Sazone la preparación
con el vinagre balsámico, el azúcar, la sal y la pimienta.

3 Ponga a hervir abundante agua salada y cueza los espaguetis
siguiendo las instrucciones del fabricante hasta que estén al
dente.

4 Mientras tanto, prosiga la cocción de las hortalizas a fuego lento.
Añada las alcaparras al cabo de unos 15 minutos y remueva. Deje
reposar la preparación.

5 Corte el pecorino a virutas finas. Escurra los espaguetis. Mézclelos
en una fuente con la mezcla de hortalizas y el pecorino y,
si lo desea, decórelos con una rama de tomillo fresco.

Las hortalizas quedarán aún más aromáticas si añade unos tomates conservados en aceite. Puede añadir un chile rojo picado si le gusta el sabor picante.

Pasta con pescado y carne

Lasaña
de hortalizas y gambas

Un plato de pasta para ocasiones especiales con gambas
y una delicada salsa de vino blanco.

Ingredientes

4 **zanahorias** grandes

1 manojo de **cebollas tiernas**

3 cucharadas de **mantequilla**

500 g de **gambas** peladas,

preparadas

sal · pimienta recién molida

8 placas de **lasaña**

1 cucharada de **aceite de semillas**

2 **escalonias**

¼ de l de **vino blanco seco**

200 g de **crema acidificada**

zumo de ½ **limón**

Preparación
PARA 4 PERSONAS

1 Pele las zanahorias, prepare y lave las cebollas tiernas. Corte las zanahorias a rodajas o dados pequeños, y las cebollas tiernas a rodajas en sentido diagonal. Caliente 2 cucharadas de mantequilla en una cacerola y sofría las hortalizas hasta que estén al dente.

2 Enjuague las gambas con agua fría y séquelas. Añádalas a las hortalizas y sofríalas brevemente. Sazónelas con sal y pimienta y reserve al calor.

3 Cueza las placas de lasaña en abundante agua salada con 1 cucharada de aceite (también en el caso de las hojas que no necesitan precocción). Sáquelas una por una del agua con una espumadera y colóquelas una junto a otra sobre un paño de cocina para que se escurran.

4 Mientras tanto, pele y pique la escalonia. Sofríala en 1 cucharada de mantequilla, añada el vino blanco y déjelo reducir a la mitad. Vierta la crema acidificada y deje cocer 2 minutos más. Sazone con la sal, la pimienta y el zumo de limón.

5 Corte las placas de lasaña por la mitad y monte la preparación formando 4 capas con las gambas, las hortalizas y la salsa de escalonias sobre platos precalentados.

Conchas
con trucha e hinojo

Simplemente *irresistible*: la combinación de pasta, anís, hinojo y trucha
se convierte en un plato *refinado* para sibaritas.

Ingredientes

2 **puerros**

1 **hinojo**

1 manojo de **estragón**

sal

400 g de **conchas**

2 cucharadas de **mantequilla**

4 cucharadas de un licor **anisado**

(por ejemplo, Pernod)

6 cucharadas de **crema de**

leche ligera

4 filetes de **trucha ahumada**

(unos 500 g)

pimienta recién molida

Preparación
PARA 4 PERSONAS

1 Prepare y lave el puerro y el hinojo y córtelos en rodajas finas. Reserve las hojas del hinojo para decorar el plato.

2 Lave, seque el estragón y separe las hojas de los tallos. Reserve algunas hojas para decorar el plato y pique el resto.

3 Ponga a hervir abundante agua salada y cueza las conchas siguiendo las instrucciones del fabricante hasta que estén al dente.

4 Mientras tanto, caliente la mantequilla en una cacerola y sofría los puerros y el hinojo durante unos 4 minutos. Añada el anisado y la crema de leche y deje cocer la salsa unos 5 minutos a fuego lento.

5 Corte los filetes de trucha en trozos oblicuos de aproximadamente 1 cm de anchura. Añada los trozos de pescado y el estragón picado a la salsa. Déjela reposar un poco y sazónela con sal y pimienta.

6 Escurra las conchas en un colador. Mézclelas con la salsa y, si lo desea, decórelas con las hojas de hinojo y estragón.

Variante refinada para la salsa de trucha: en lugar de hinojo utilice 1 manojo de roqueta y otro de perejil, y emplee zumo de limón en lugar de licor de anís.

Espaguetis
con gambas y tomate

Preparación
PARA 4 PERSONAS

1 Deje escurrir los corazones de alcachofa sobre papel de cocina y cuartéelos longitudinalmente. Lave los tomates, escáldelos, pélelos, elimine las semillas y córtelos en dados pequeños.

2 Enjuague las gambas y séquelas. Prepare y lave las cebollas tiernas y córtelas a rodajas finas.

3 Ponga a hervir abundante agua salada y cueza los espaguetis hasta que estén al dente.

4 Mientras tanto, caliente el aceite en una sartén grande y sofría las cebollas hasta que estén blandas. Añada las gambas y las alcachofas y dórelas. Incorpore los dados de tomate y mézclelo.

5 Añada el jerez, la crema de leche y la pimienta verde. Sazone con sal y pimienta de Cayena.

6 Escurra los espaguetis en un colador. Sírvalos mezclados con la salsa y decore con las hojas de estragón.

62

Ingredientes

8 **corazones de alcachofa** (en conserva)

4 **tomates** grandes

250 g de **gambas** peladas

3 **cebollas** tiernas · **sal**

400 g de **espaguetis**

2 cucharadas de **aceite de oliva**

100 ml de **jerez seco**

200 g de **crema de leche**

2 cucharadas de **pimienta verde** en conserva

1 pizca de **pimienta de Cayena**

unas hojas de **estragón**

SERVICIO GRATUITO DE INFORMACIÓN

Nombre y apellidos

Dirección

Población

Provincia   C.P.

Teléfono   Fecha Nac.   Profesión   DNI/CIF

e-mail: _____ Encontré esta tarjeta en el libro _____ Comprado en _____

¿CÓMO CONOCIÓ ESTE LIBRO?

☐ Reseña crítica en Prensa   ☐ Anuncio prensa   ☐ Escaparate   ☐ Librería
☐ Reseña crítica en Radio/TV   ☐ Folleto   ☐ Recomendación personal   ☐ Internet   ☐ Bibliotecas

Deseo recibir, sin compromiso alguno, información bibliográfica de los siguientes temas:

☐ ARTE, HISTORIA   ☐ NATURALEZA, ECOLOGÍA   ☐ DEPORTES   ☐ VIAJES
☐ ARQUITECTURA, DECORACIÓN   ☐ JARDINERÍA   ☐ EDUCACIÓN SEXUAL   ☐ COCINA
☐ FOTOGRAFÍA, DISEÑO, ILUSTRACIÓN   ☐ ENOLOGÍA   ☐ CIENCIAS HUMANAS
☐ PINTURA, DIBUJO, MANUALIDADES   ☐ EQUITACIÓN   ☐ INFANTIL

Otros temas de su interés

Deseamos facilitarle un servicio gratuito de información sobre nuestras publicaciones. Le agradecemos su amable colaboración.
BLUME-NATURART, S.A. - Avda. Mare de Déu de Lorda, n.º 20 - 08034 Barcelona. Tel. 93 205 40 00 - Fax 93 205 14 41
E-mail: info@blume.net. Consulte nuestro catálogo on line en Internet: http://www.blume.net
(incluimos nuestras novedades 24 horas después de su publicación). Servicio gratuito de información. La información que usted nos
facilita permitirá adecuar nuestras ofertas a sus intereses y quedará recogida en nuestro fichero. Usted tiene derecho a acceder

NATURART
Apartado F.D. 566
08080 BARCELONA

Ingredientes

1 kg de **almejas**

150 g de **tomates**

4 cucharadas de **aceite de oliva**

2 **dientes de ajo** finamente picados

400 g de *vermicelli*

sal

½ manojo de **perejil**

pimienta recién molida

Vermicelli
con almejas

Preparación
PARA 4 PERSONAS

1 Limpie las almejas. Elimine las que no se abran durante el lavado.

2 Lave los tomates, escáldelos, elimine la piel y las semillas y córtelos en dados. Caliente 2 cucharadas soperas de aceite y sofría el ajo hasta que esté transparente. Añada las almejas y déjelas cocer tapadas unos 5 minutos o hasta que se abran. Tire las que permanezcan cerradas. Reserve las almejas y filtre el caldo de cocción por un tamiz fino.

3 Hierva los *vermicelli* en abundante agua salada siguiendo las instrucciones del fabricante hasta que estén al dente.

4 Mientras tanto, lave, seque el perejil y píquelo finamente. Caliente el aceite restante y sofría los tomates. Añada las almejas, el caldo y el perejil, y prosiga la cocción unos 3 minutos, sazone con sal y pimienta. Escurra los *vermicelli* en un colador, y mézclelos con la salsa de almejas preparada previamente.

Strozzapreti
con salsa de salmón a la crema

La mejor **combinación** para sus invitados: la pasta con salmón ahumado
y una cremosa salsa de hierbas garantizará el éxito en su **mesa**.

Ingredientes

400 g de *strozzapreti*

(o macarrones)

sal

1 manojo de **hierbas variadas**

(albahaca, orégano, romero)

1 cucharada de **mantequilla**

250 g de **crema de leche**

2 cucharadas de **zumo de limón**

400 g de **salmón ahumado**

pimienta recién molida

Preparación
PARA 4 PERSONAS

1 Hierva los *strozzapreti* en abundante agua salada siguiendo
las instrucciones del fabricante hasta que estén al dente.

2 Mientras tanto, lave, seque las hierbas y separe las hojas de los
tallos. Reserve algunas para decorar los platos y pique finamente
las restantes.

3 Derrita la mantequilla en una sartén y caliente las hierbas
brevemente. Añada la crema de leche y el zumo de limón y sofría
la preparación unos 4 minutos.

4 Corte el salmón a tiras y caliéntelo brevemente en la salsa.
Sazone con sal y pimienta.

5 Escurra los *strozzapreti* en un colador. Mézclelos con la salsa
y adórnelos con las hojas reservadas.

**Un consejo para las festividades
especiales: el plato aún será más
refinado si sustituye las hierbas por
berros y adorna la pasta con flores
de capuchinas.**

Pasta a las hierbas
con ragú de pescado

La **vista** también come: las hojas de hierbas enteras dentro de la pasta hecha en casa son el toque **especial** de esta receta.

Ingredientes

300 g de **harina de trigo**

(de fuerza)

3 **yemas de huevo** · 1 **huevo**

sal

flores y hojas de **capuchina**

200 g de filete de **salmón fresco**

4 **vieiras**

6 **gambas**

200 ml de **fumet de pescado**

200 g de **crema de leche**

pimienta recién molida

1 sobre de hebras de **azafrán**

1 pizca de **pimienta de Cayena**

3 cucharadas de **aceite de oliva**

2 cucharadas de **vermut blanco**

3 cucharadas de **mantequilla**

Preparación
PARA 4 PERSONAS

1 Amase la harina, las yemas de huevo, el huevo, ½ cucharadita de sal y 1 cucharada de agua tibia hasta obtener una masa lisa (*véase* pág. 8) y, con ayuda de una máquina de pasta o el rodillo enharinado, extiéndala formando una lámina fina.

2 Cubra la mitad de cada una de las láminas con flores y hojas de capuchina, tápela con la otra mitad y vuelva a pasarla por la máquina, o pase el rodillo para volver a formar una lámina uniforme.

3 Corte las láminas de masa a tiras de 3 cm de anchura. Espolvoréelas con harina y déjelas reposar 30 minutos, como mínimo.

4 Para la salsa, corte el salmón en dados de unos 2 cm. Separe el coral del músculo blanco de las vieiras y córtela en dados. Pele las gambas y elimine el conducto intestinal.

5 Hierva a fuego vivo el fumet de pescado con la crema de leche, la pimienta, el azafrán y la pimienta de Cayena.

6 Caliente 2 cucharadas de aceite en una sartén y cueza las gambas unos 2 minutos. Añada las vieiras y los dados de salmón y mézclelo con cuidado. Vierta el vermut y déjelo reducir.

7 Hierva la pasta de hierbas en abundante agua salada con una cucharada de aceite hasta que esté al dente. Escúrrala en un colador. Derrita la mantequilla en una cacerola y mézclela con la pasta brevemente. Para servir, mezcle la pasta con el ragú de pescado.

Pappardelle
con ragú de pavo

Un clásico de las salsas que también deleita a los expertos: la pechuga de pavo
con vino tinto y setas aporta a la mesa un trozo de la bella Italia.

Ingredientes

15 g de **setas calabaza secas**

450 g de **filetes de pechuga
de pavo**

150 g de **hígado de pavo**

1 **cebolla**

2 **dientes de ajo**

sal

400 g de *pappardelle*

2 cucharadas de **aceite de oliva**

⅛ de l de **vino tinto**

¼ de l de **caldo vegetal**

1 cucharada de **tomate frito**

4 cucharadas de

crema de leche

2 ramas de **romero**

1 cucharadita de **vinagre de
vino tinto**

pimienta recién molida

Preparación
PARA 4 PERSONAS

1 Ponga las setas en un cazo, cúbralas con agua hirviendo y déjelas
reposar unos minutos. Vierta las setas en un colador y recoja el
agua de remojo.

2 Lave la pechuga y el hígado de pavo, séquelos con papel de cocina
y córtelos a lonchas. Pele la cebolla y los dientes de ajo y
píquelos finamente.

3 Ponga a hervir abundante agua salada y cueza los *pappardelle*
siguiendo las instrucciones del fabricante hasta que estén
al dente.

4 Mientras tanto, caliente el aceite en una cacerola. Dore la carne
y el hígado. Añada la cebolla, el ajo y las setas, y sofría la
preparación unos 3 minutos.

5 Vierta el vino, el caldo y aproximadamente ⅛ de l del agua de
remojo de las setas. Añada el tomate frito, la crema de leche
y una ramita de romero y cueza a fuego vivo unos 8 minutos.
Sazone con el vinagre de vino tinto, la sal y la pimienta.

6 Escurra las *pappardelle* en un colador y mézclelas con la salsa de
pavo, de la que retirará la rama de romero. Decore con el romero
restante.

Espaguetis
con salsa de cordero al limón

Una idea muy original con un toque especial; la suave y dorada
carne de cordero se combina con el crujiente diente de león.

Ingredientes

400 g de **pierna de cordero**

100 g de **tocino ahumado**

1 **cebolla** grande

1 manojo de **diente de león**

2 cucharadas de **aceite de oliva**

1 **diente de ajo**

sal

400 g de **espaguetis**

⅛ de l de **vino blanco**

¼ de l de **caldo vegetal**

pimienta recién molida

nuez moscada recién rallada

1 cucharadita de **corteza**

de limón rallada

150 g de **crema acidificada**

6 cucharadas de **zumo de limón**

Preparación
PARA 4 PERSONAS

1 Corte la carne de cordero y el tocino a dados pequeños. Pele la cebolla y píquela finamente. Prepare, lave y seque el diente de león.

2 Caliente el aceite en una sartén y dore la carne y el tocino durante unos 5 minutos. Reserve el fondo de cocción de la carne. Pele y pique el diente de ajo, añádalo a la sartén con las cebollas y sofríalos brevemente.

3 Ponga a hervir abundante agua salada y cueza los espaguetis siguiendo las instrucciones del fabricante hasta que estén al dente.

4 Mientras tanto, añada a la salsa el fondo de cocción, el vino y el caldo, y sazónela con sal, pimienta, nuez moscada y corteza de limón. Cueza la salsa de cordero unos 10 minutos más.

5 Agréguele la crema acidificada y el zumo de limón y prosiga la cocción unos 10 minutos más a fuego lento.

6 Escurra los espaguetis en un colador. Mézclelos con la salsa de cordero y diente de león y sírvalos.

Si no encuentra diente de león, puede preparar estos espaguetis con roquetas o berros.

Ruedas
con pechuga de pollo

Preparación
PARA 4 PERSONAS

1 Pele y pique la cebolla. Lave y seque el perejil. Reserve unas ramas para decorar el plato, separe las hojas de los tallos de las restantes y píquelas finamente.

2 Ponga a hervir abundante agua salada y cueza las ruedas siguiendo las instrucciones del fabricante hasta que estén al dente.

3 Mientras tanto, dore los filetes de pollo por ambas caras en 2 cucharadas de aceite, y sazónelos con sal y pimienta.

4 Retire la carne de la sartén. Sofría las cebollas y el jengibre en el aceite restante. Añada el caldo y el zumo de limón. Incorpore el mascarpone y deje reducir la salsa. Sazónela con sal y pimienta y añada el perejil picado previamente.

5 Fría brevemente el perejil reservado en 4 cucharadas de aceite. Escurra las ruedas en un colador. Mézclelas con la salsa, los filetes de pollo y el perejil, y decórelas si lo desea con tiras de corteza de limón.

72

Ingredientes

1 **cebolla** grande

2 manojos de **perejil**

sal · 400 g de **ruedas**

2 filetes de **pechuga de pollo**

6 cucharadas de **aceite de oliva**

pimienta recién molida

1 cucharadita de **jengibre fresco** picado

200 ml de **caldo vegetal**

1 cucharada de **zumo de limón**

2 cucharadas de **mascarpone**

Ingredientes

600 g de **escalopes de ternera**

1 **escalonia** · 200 g de **zanahorias**

1 **limón** · 3 cucharadas de **aceite de oliva**

sal · 500 g de **espaguetis**

2 **dientes de ajo** pelados

⅛ de l de **vino blanco seco**

⅛ de l de **caldo vegetal**

4 cucharadas de **crema acidificada**

1 sobre de **hebras de azafrán**

2 cucharadas de **alcaparras**

pimienta recién molida

3 cucharadas de **alcaparras**

Espaguetis
con salsa de ternera

Preparación
PARA 4 PERSONAS

1 Corte la carne a tiras. Pele y pique la escalonia. Pele las zanahorias y córtelas a bastoncitos. Lave el limón y córtelo en rodajas.

2 Caliente el aceite y saltee durante unos 4 minutos la carne sin dejar de remover. Retírela y resérvela al calor.

3 Ponga a hervir abundante agua salada y prepare los espaguetis hasta que estén al dente.

4 Mientras tanto, sofría las escalonias y las zanahorias en la cacerola de la carne, añada el ajo picado, el vino y el caldo. Remueva e incorpore la crema, el azafrán, las alcaparras con parte de su líquido y 2 rodajas de limón. Tape la cacerola y prosiga la cocción 6 minutos.

5 Finalmente, añada la carne de ternera, mezcle y sazone la preparación con sal y pimienta. Mezcle los espaguetis con la salsa, las alcaparras y las rodajas de limón.

Espaguetis
con jamón

Una delicia para los amigos de la cocina italiana:

espaguetis con jamón.

Ingredientes

400 g de **espaguetis**

sal

100 g de **jamón cocido** (en trozo)

150 g de **cebollitas**

1 manojo de **albahaca**

3 cucharadas de **aceite de oliva**

1 **diente de ajo**

100 g de **jamón serrano**

(a lonchas finas)

100 g de **parmesano** (en trozo)

pimienta recién molida

Preparación

PARA 4 PERSONAS

1 Hierva los espaguetis en abundante agua salada siguiendo las instrucciones del fabricante, hasta que estén al dente.

2 Mientras tanto, corte el jamón cocido en dados pequeños. Pele las cebollitas. Lave la albahaca, séquela y separe las hojas de los tallos. Reserve 2 cucharadas de hojas para decorar el plato y corte el resto a tiras.

3 Caliente el aceite en una sartén grande. Dore los dados de jamón cocido y las cebollitas unos 6 minutos. Pele el ajo, píquelo finamente y añádalo.

4 Corte el parmesano a virutas finas. Escurra los espaguetis en un colador. Añádalos a la sartén junto con el jamón serrano y el queso parmesano –guarde 2 cucharadas– y mezcle bien. Saltee 3 o 4 minutos más y sazone con sal y pimienta.

5 Añada por último las tiras de albahaca. Adorne los espaguetis con las hojas de albahaca y el queso parmesano reservados.

Pappardelle
con salsa de pato

Ligeramente fritos, jugosos y tiernos: para esta deliciosa pasta
necesita la mejor parte del pato.

Ingredientes

150 g de **cebollas blancas**

2 **dientes de ajo**

2 filetes de **pechuga de pato**

sal

400 g de *pappardelle*

6 cucharadas de **aceite de oliva**

500 g de **tomate frito**

(en conserva)

200 ml de **caldo de ave**

pimienta recién molida

2 cucharadas de **vinagre**

balsámico

1 manojo de **salvia**

100 g de **jamón serrano**

(a lonchas finas)

Preparación

PARA 4 PERSONAS

1 Pele las cebollas y píquelas finamente. Pele y pique los dientes de ajo.

2 Pele los filetes de pato —si lo desea, puede cortar la piel en trozos pequeños y freírla hasta que esté crujiente— y córtelos en tiras transversales.

3 Ponga a hervir abundante agua salada y cueza las *pappardelle* siguiendo las instrucciones del fabricante hasta que estén al dente.

4 Mientras tanto, caliente 2 cucharadas de aceite en una cacerola y dore las tiras de pato. Añada las cebollas y el ajo y prosiga la cocción unos 3 minutos más.

5 Vierta el tomate frito y el caldo de ave sobre la carne. Sazone la salsa con sal, pimienta y vinagre balsámico y llévela de nuevo a ebullición.

6 Mientras tanto, lave la salvia, séquela y separe las hojas de los tallos. Fría las hojas en 4 cucharadas de aceite. Escurra las *pappardelle* en un colador. Mézclelas con la salsa, las lonchas de jamón y las hojas de salvia.

Si le gusta la salvia, puede añadir unas cuantas hojas al agua de cocción de la pasta para conferirle un ligero aroma a salvia. Obtendrá el mismo resultado si emplea otras hierbas.

Pappardelle
con salsa de conejo

Preparación
PARA 4 PERSONAS

1 Corte el conejo y la panceta a trozos pequeños. Pele la cebolla y los dientes de ajo y píquelos finamente. Lave el apio y córtelo en rodajas finas. Lave el tomate, escáldelo, pélelo, elimine las semillas y a continuación córtelo en dados.

2 Caliente la mantequilla y el aceite en una cacerola y fría la panceta. Añada la carne de conejo y fríala. Reduzca el fuego y mezcle las carnes con las hortalizas antes preparadas; sazónelo todo con sal, pimienta y tomillo.

3 Agregue el vino y el caldo de carne, tape el recipiente y déjelo cocer a fuego lento durante unas 2 horas. Finalmente, rectifique la condimentación añadiendo sal y pimienta.

4 Hierva las *pappardelle* siguiendo las instrucciones del fabricante en abundante agua salada hasta que estén al dente. Escurra las *pappardelle* en un colador y mézclelas con la salsa. Si lo desea, puede decorarlas con tomillo fresco.

78

Ingredientes

400 g de **conejo** deshuesado

50 g de **panceta ahumada**

1 **cebolla** · 1 **diente de ajo**

1 tallo de **apio**

1 **tomate**

1 cucharada de **mantequilla**

2 cucharadas de **aceite de oliva** · **sal**

pimienta recién molida

½ cucharadita de **tomillo** molido

100 ml de **vino blanco seco**

⅛ de l de **caldo de carne**

400 g de *pappardelle*

Ingredientes

10 g de **setas de calabaza secas**

1 **zanahoria** · 1 **cebolla** · 1 **diente de ajo**

00 g de **panceta ahumada** · 2 tallos de **apio**

3 cucharadas de **mantequilla**

250 g de **carne picada**

2 cucharadas de **tomate frito**

sal · **pimienta** recién molida

200 g de **tomate picado** (en conserva)

de l de **caldo de carne** · ⅛ de l de **vino tinto**

1 cucharadita de **tomillo** molido y otra de

orégano molido

5 g de **crema de leche** · 400 g de *makkaroni*

70 g de **parmesano** recién rallado

Makkaroni
a la boloñesa

Preparación
PARA 4 PERSONAS

1 Cubra las setas con agua hirviendo y déjelas en remojo unos minutos. Pele la zanahoria, la cebolla y el ajo y córtelos en dados pequeños, como la panceta ahumada y el apio. Sofríalos en la mantequilla. Agregue la carne picada y dórela sin dejar de remover, para que se separe.

2 Añada al recipiente el tomate frito y las setas escurridas y picadas sin dejar de remover. Sazone con sal y pimienta y agregue el tomate picado, el caldo, el vino,

el tomillo y el orégano. Lleve a ebullición y prosiga la cocción con el recipiente tapado y a fuego lento 1 hora. Agregue la crema de leche y deje que cueza 30 minutos más con el recipiente destapado.

3 Hierva los macarrones en abundante agua salada siguiendo las instrucciones del fabricante hasta que estén al dente. Escúrralos en un colador, mézclelos con la salsa y acompáñelos con el queso parmesano.

Pasta rellena y horneada

Bolsas de lasaña
con gambas

Un plato de pasta delicado y refinado como pocos:

las bolsas de pasta se rellenan con hortalizas y se coronan con gambas.

Ingredientes

8-10 **placas de lasaña**

sal

2 cucharadas de **aceite de oliva**

12 **gambas** o **langostinos grandes**

(pelados)

zumo de 2 **limas**

1 manojo de **eneldo**

1 manojo de **cebollas tiernas**

800 g de **calabacines**

1 cucharada de **mantequilla**

pimienta recién molida

grasa para el molde

150 g de **crema de leche**

125 g de **queso crema**

2 **huevos**

Preparación

1 Hierva las placas de lasaña en abundante agua salada mezclada con 1 cucharada de aceite unos 6 minutos o hasta que se ablanden (incluso aquellas que no necesitan precocción). Sáquelas una a una con una espumadera y sumérjalas en un recipiente con agua fría para que no se peguen entre sí.

2 Mientras tanto, enjuague las gambas y séquelas. Rocíelas con el zumo de lima, tápelas y guárdelas en la nevera. Lave el eneldo, séquelo y píquelo finamente. Prepare y lave las cebollas tiernas y córtelas en rodajas. Prepare y lave los calabacines y rállelos groseramente.

3 Caliente la mantequilla en una sartén y sofría los calabacines 1 minuto. Sáquelos enseguida y mézclelos con el eneldo picado y las rodajas de cebolla tierna.

4 Añada el zumo de lima de las gambas a las hortalizas y sazone ambas con sal y pimienta.

5 Precaliente el horno a 175 °C. Saque las hojas de lasaña del agua, séquelas y dóblelas longitudinalmente para formar bolsas. Colóquelas una junto a otra con la abertura hacia arriba en una fuente refractaria engrasada.

6 Rellene las bolsas de pasta con las hortalizas y cúbralas con las gambas. Bata la crema de leche, el queso fresco y los huevos y sazónelos con sal y pimienta. Cubra las bolsas de lasaña con esta mezcla y hornéelas en el centro del horno unos 20 minutos. Pincele las gambas con 1 cucharada de aceite al cabo de 10 minutos.

82

Lasaña de espinacas
con salsa de tomate

Un plato clásico sin carne: una auténtica
delicia crujiente capa a capa.

Ingredientes

1 escalonia · 2 dientes de ajo

3 cucharadas de aceite de oliva

3 cucharadas de tomates secos

finamente picados (en aceite)

1 lata de tomates (400 g)

50 ml de vino blanco

sal · pimienta recién molida

200 g de espinacas jóvenes

500 g de queso ricotta

o requesón

nuez moscada recién rallada

25 g de mantequilla

25 g de harina · 300 ml de leche

50 g de parmesano recién rallado

250 g de placas de lasaña

150 g de mozzarella (cortado

a lonchas)

Preparación

PARA 4 PERSONAS

1 Pele la escalonia y los dientes de ajo y píquelos finamente. Caliente 2 cucharadas de aceite en una sartén grande y sofría el ajo, la escalonia y los tomates secos picados.

2 Añada los tomates y su líquido junto con el vino, y aplástelos con un tenedor. Deje reducir a fuego medio unos 10 minutos o hasta obtener una salsa espesa que sazonará con sal y pimienta.

3 Prepare las espinacas, lávelas y blanquéelas brevemente en agua salada hirviendo. Escúrralas en un colador, exprima toda el agua y píquelas.

4 Mezcle en un cuenco las espinacas con el queso ricotta y sazone con nuez moscada, sal y pimienta.

5 Precaliente el horno a 180 °C. Para preparar la salsa de queso, caliente la mantequilla en una cacerola y dore la harina sin dejar de remover. Vaya añadiendo la leche poco a poco. Agregue el parmesano y deje cocer la salsa a fuego lento durante unos 10 minutos.

6 Engrase una fuente refractaria con una cucharada de aceite. Coloque en el fondo unas placas de lasaña y úntelas con salsa de tomate. Cubra con una capa de placas de lasaña y distribuya por encima la mezcla de espinacas y ricotta. Siga colocando los ingredientes por este orden. Cubra finalmente con la salsa de queso y las lonchas de mozzarella. Hornee la lasaña en el centro del horno unos 60 minutos.

Ravioles
de patata a la menta

Preparación
PARA 4–6 PERSONAS

1 Prepare la masa con la harina, los huevos, la sal y un poco de agua (*véase* pág. 8) y déjela reposar. Para el relleno, hierva las patatas con su piel en un poco de agua. Pélelas y redúzcalas a puré cuando todavía estén calientes.

2 Lave las hojas de menta, séquelas y píquelas. Pele el ajo y píquelo. A continuación, mezcle el puré de patatas con el ricotta, la menta y el ajo y sazónelo todo con sal y pimienta.

3 Extienda la masa sobre la superficie de trabajo enharinada. Reparta montoncitos de 1 cucharadita de relleno sobre una mitad de la masa a intervalos de unos 6 cm. Doble la segunda mitad encima de la primera y presione ligeramente los espacios entre el relleno.

4 Recorte los ravioles con un cortapastas. Presione los bordes de la pasta. Cuézalos en agua salada hirviendo unos 4 minutos. Escúrralos, rocíelos con mantequilla derretida y espolvoréelos con pecorino rallado.

Ingredientes

400 g de **harina de trigo** (de fuerza)

4 **huevos** · sal

400 g de **patatas**

unas 50 hojas de **menta**

1 **diente de ajo**

300 g de **queso ricotta** o **requesón**

pimienta recién molida

75 g de **mantequilla**

60 g de **pecorino** recién rallado

Ingredientes

400 g de **harina de trigo** (de fuerza)

6 **huevos** · **sal**

300 g de **acelgas**

2 **dientes de ajo** pelados

100 g de **pecorino** recién rallado

pimienta recién molida

100 g de **nueces**

3 cucharadas de **piñones**

½ manojo de **perejil**

50 g de **ricotta** o **requesón**

2 cucharadas de **aceite de oliva**

Pansoòti
rellenos de acelgas

Preparación
PARA 4–6 PERSONAS

1 Prepare la masa con la harina, 4 huevos, sal y agua.

2 Lave las acelgas, escáldelas brevemente, enjuáguelas y píquelas finamente. Mézclelas con un diente de ajo picado, 2 huevos, el queso pecorino, sal y pimienta.

3 Tueste las nueces y los piñones en una sartén sin aceite. Lave el perejil. Séquelo y separe las hojas. Machaque en un mortero las nueces, los piñones, el perejil y un diente de ajo con un poco de sal. Mézclelo con el queso ricotta y el aceite y sale al gusto.

4 Extienda la masa sobre la superficie de trabajo enharinada y córtela en triángulos de unos 8 cm de lado. Coloque sobre cada uno de ellos un poco de relleno y presione los bordes. Hierva los *pansoòti* en agua salada unos 4 minutos. Bata la salsa con 2 cucharadas del agua de cocción y mézclela con los *pansoòti*. Adorne con nueces.

Conchas

rellenas de espárragos

Esta pasta se convierte en un festín: grandes conchas
con un delicioso relleno de pollo y espárragos.

Ingredientes

250 g de **conchas** grandes · **sal**

250 g de **espárragos blancos**

azúcar

150 g de **filetes de pechuga**

de pollo

2 **escalonias** · 1 manojo de **perejil**

1 **mozzarella** (125 g)

1 **yema de huevo**

2 cucharadas de **pan rallado**

pimienta recién molida

grasa para engrasar el molde

100 ml de **vino blanco seco**

2 cucharadas de **crema de leche**

50 g de **pecorino** recién rallado

2 cucharaditas de **mantequilla**

Preparación

PARA 2 PERSONAS

1 Hierva las conchas en abundante agua salada siguiendo las
instrucciones del fabricante hasta que estén al dente. Viértalas
en un colador, enjuáguelas con agua fría y déjelas escurrir.

2 Lave los espárragos, elimine el extremo fibroso y pélelos.
Hiérvalos en agua salada con una pizca de azúcar durante unos
15 minutos o hasta que estén al dente. Escúrralos y trocéelos
oblicuamente.

3 Corte la carne en dados pequeños. Pele la escalonia y píquela
finamente. Lave y seque el perejil, separe las hojas de los tallos
y píquelas. Corte la mozzarella en dados pequeños.

4 Precaliente el horno a 200 °C. Mezcle los trozos de espárrago con
la carne, la mozzarella, las escalonias, el perejil, la yema de huevo
y el pan rallado, y sazone con sal y pimienta.

5 Rellene las conchas con este relleno ayudándose con una cuchara
y colóquelas una junto a otra en una fuente refractaria engrasada.
Mezcle el vino con la crema de leche y viértalo en la fuente.
Reparta el queso pecorino y la mantequilla a copos sobre las
conchas rellenas. Hornee en el centro del horno unos 35 minutos
o hasta que las conchas estén ligeramente doradas.

Nidos de pasta
en papillote

Una sorpresa en el plato: los espaguetis con una aromática salsa de tomate saben mejor envueltos en papillote.

Ingredientes

1 diente de ajo

4 cucharadas de **aceite de oliva**

250 g de **tomates pelados**

(en conserva)

sal · pimienta recién molida

400 g de **espaguetis**

500 g de **tomate**

1 manojo de **perejil**

50 g de **aceitunas negras**

(deshuesadas)

8 lonchas de **panceta**

8 **filetes de anchoa** (en aceite)

50 g de **parmesano** a virutas

muy finas

Preparación
PARA 4 PERSONAS

1 Pele y pique el ajo. Caliente 2 cucharadas de aceite en una sartén y sofríalo hasta que esté transparente. Retírelo de la sartén. Cueza los tomates escurridos en el aceite aromatizado con ajo unos 20 minutos y redúzcalos a puré con la batidora manual. Sazone esta salsa con sal y pimienta y déjela hervir unos 10 minutos más. Precaliente el horno a 200 °C.

2 Hierva los espaguetis siguiendo las instrucciones del fabricante en abundante agua salada hasta que estén al dente.

3 Mientras tanto, lave los tomates, escáldelos, pélelos, elimine las semillas y córtelos en dados pequeños. Lave el perejil y séquelo. Separe las hojas de los tallos y píquelas finamente. Trocee las aceitunas.

4 Vierta los espaguetis en un colador y déjelos escurrir. Mézclelos con la salsa de tomate, los dados de tomate, las aceitunas y 1 cucharada de perejil. Pincele 8 hojas de papel sulfurizado (de unos 25 x 25 cm) con el aceite restante.

5 Forme 8 nidos con los espaguetis y colóquelos en el centro de cada cuadrado de papel. Corónelos con 1 loncha de panceta, 1 filete de anchoa y un poco de perejil, y doble el papel sobre el relleno formando un paquete.

6 Coloque los papillotes sobre la placa del horno y hornéelos unos 15 minutos en el centro del mismo. Al servir, abra el papillote y esparza sobre los nidos unas virutas de parmesano.

Rollitos de lasaña
con ricotta y jamón

Preparación
PARA 4 PERSONAS

1 Cueza las placas de lasaña en abundante agua salada
y una cucharada de aceite (aunque no necesiten
precocción). Sáquelas una a una con la espumadera
y sumérjalas en un recipiente con agua fría.

2 Corte el jamón en dados. Prepare y lave la roqueta,
centrifúguela y píquela muy fina. Pele la cebolla y el ajo
y píquelos finamente. Caliente una cucharada de aceite y
sofría las cebollas y el ajo hasta que estén transparentes.
Precaliente el horno a 180 °C.

3 Mezcle la cebolla con la roqueta, la ricotta, los huevos
y 100 g de parmesano y sazone con sal, pimienta y nuez
moscada. Escurra las placas de lasaña y cúbralas con una
capa fina de esta mezcla. Enróllelas por el extremo corto
y córtelas en tres trozos del mismo tamaño.

4 Coloque los rollitos de pasta en una fuente refractaria
engrasada, espolvoréelos con el parmesano restante
y esparza por encima unos copos de mantequilla. Dore
en el centro del horno unos 15 minutos.

Ingredientes

8 **placas de lasaña** · **sal**

2 cucharadas de **aceite de oliva**

200 g de **jamón cocido** (en trozo)

1 manojo de **roqueta** (rúcula)

1 **cebolla** · 2 **dientes de ajo**

400 g de **queso ricotta** o **requesón**

2 **huevos**

150 g de **parmesano** recién rallado

pimienta recién molida

nuez moscada recién rallada

grasa para la fuente

2 cucharaditas de **mantequilla**

Ingredientes

6 **puerros** pequeños

sal · **pimienta** recién molida

nuez moscada recién rallada

16 **tubos de canelones** (no precocidos)

2 cucharadas de **aceite de oliva**

1 cucharada de **tomate concentrado**

480 g de **tomates** pelados (en conserva)

1 cucharada de **orégano** molido

azúcar · **grasa** para la fuente

200 g de **queso de oveja**

150 g de **crema acidificada**

Canelones
rellenos de puerro

Preparación
PARA 4 PERSONAS

1 Prepare, lave los puerros y córtelos en 16 trozos (deberían ser de la misma longitud que los canelones). Escáldelos en agua salada hirviendo. Viértalos en un colador y sazónelos con sal, pimienta y nuez moscada. Rellene los canelones con los puerros.

2 Caliente el aceite y sofría el tomate concentrado, los tomates escurridos y el orégano. Deje hervir unos 20 minutos y sazone con sal, pimienta y un poco de azúcar.

3 Precaliente el horno a 200 °C. Vierta la salsa de tomate en una fuente de horno engrasada y coloque los canelones encima.

4 Desmigaje el queso de oveja, mézclelo con la crema acidificada, sazone la mezcla con sal y pimienta y viértala sobre los canelones. Dore los canelones en el centro del horno unos 35 minutos, y encienda el grill durante los últimos 3 minutos.

Canelones
rellenos de queso y hortalizas

El secreto está en el relleno: crujientes hortalizas veraniegas, finas hierbas
y queso de cabra confieren su personalidad a este relleno.

Ingredientes

400 g de **tomates**

1 **cebolla** · ½ **zanahoria**

½ **tallo de apio**

6 cucharadas de **aceite de oliva**

2 cucharadas de **tomillo** molido

sal · **pimienta** recién molida

1 **berenjena**

2 **calabacines** pequeños

1 **diente de ajo** · 1 **chile rojo**

1 cucharadita de **orégano** molido

300 g de **queso de cabra fresco**

24 **tubos de canelones**

(no precocidos)

grasa para la fuente

60 g de **pecorino** recién rallado

2 cucharaditas de **mantequilla**

Preparación
PARA 6-8 PERSONAS

1 Para la salsa de tomate, lave los tomates, escáldelos, pélelos, elimine las semillas y córtelos en trozos pequeños. Pele la cebolla y la zanahoria y córtelas en dados pequeños. Lave el apio y córtelo a dados.

2 Caliente 3 cucharadas de aceite en una cacerola y sofría todas las hortalizas, excepto los tomates. Añada a continuación los tomates y 1 cucharadita de tomillo. Sazone la salsa con sal y pimienta y déjela cocer con el recipiente tapado unos 20 minutos.

3 Para el relleno, lave y corte la berenjena y los calabacines en dados pequeños. Pele los dientes de ajo y píquelos finamente. Divida el chile, elimine las semillas, lávelo y córtelo a tiras finas.

4 Caliente el aceite restante y dore los dados de berenjena y calabacín, el ajo y el chile. Sazone con sal, pimienta, 1 cucharadita de tomillo y orégano y deje enfriar un poco. Desmigaje el queso de cabra y mézclelo con las hortalizas. Precaliente el horno a 220 °C.

5 Rellene los canelones con 2 o 3 cucharadas de la mezcla de hortalizas y queso y colóquelos en una fuente refractaria engrasada. Vierta la salsa de tomate por encima, reparta el pecorino, cubra con copos de mantequilla y hornee en el centro del horno durante unos 30 minutos o hasta que los canelones estén dorados.

Índice de recetas

BLUME

Título original:
Pasta

Traducción:
Maite Rodríguez Fischer

Revisión de la edición en lengua española:
Ana María Pérez Martínez
Especialista en temas culinarios

Coordinación de la edición en lengua española:
Cristina Rodríguez Fischer

Primera edición en lengua española 2002

© 2002 Naturart, S.A. Editado por BLUME
Av. Mare de Déu de Lorda, 20
08034 Barcelona
Tel. 93 205 40 00   Fax 93 205 14 41
E-mail: info@blume.net
© 2000 Verlag Zabert Sandmann GmbH, Múnich

ISBN: 84-8076-449-X
Depósito legal: B. 37.269-2002
Impreso en Egedsa, S.A., Sabadell (Barcelona)

CONSULTE EL CATÁLOGO DE PUBLICACIONES *ON-LINE*
INTERNET: HTTP://WWW.BLUME.NET

Créditos fotográficos

Sobrecubierta: StockFood/Elizabeth Watt (portada); StockFood/Susie Eising
(contraportada)

Walter Cimbal: 83, 89, 91, 92, 93; StockFood/Uwe Bender: 28–29, 37; StockFood/Caggiano
Photography: 85; StockFood/Susie Eising: 2–3, 4–5, 7/2 y 4 siz, 7/id, 8, 9, 13, 15, 19, 21, 23, 25,
27, 31, 33, 34, 35, 39, 41, 43, 44, 45, 47, 49, 50, 51, 53, 55, 56–57, 59, 61, 62, 63, 65, 66–67, 69, 71,
72, 73, 75, 77, 78, 79, 80–81, 86, 87, 95; StockFood/S. & P. Eising: 6/d, 7/siz y sd, 10–11, 24;
StockFood/Walter Pfisterer: 6/iz, 7/3 siz; StockFood/Elizabeth Watt: 16, 17, 40